# COLLECTIONS

DE

## S. A. I. M<sup>GR</sup> LE PRINCE NAPOLÉON

—

## TABLEAUX MODERNES

PARIS

IMPRIMERIE SERRIERE, 123, RUE MONTMARTRE

—

1867

# COLLECTIONS

DE

## S. A. I. M^GR LE PRINCE NAPOLÉON

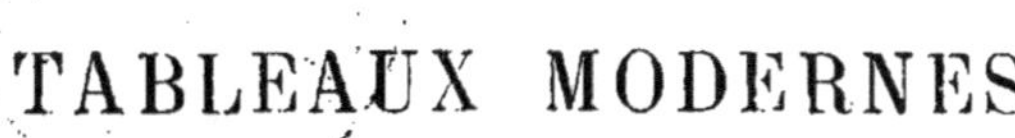

## TABLEAUX MODERNES

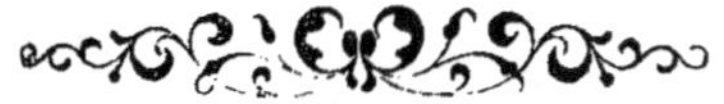

PARIS

IMPRIMERIE SERRIERE, 123, RUE MONTMARTRE

1867

# TABLEAUX MODERNES

BELLY (Léon), né à Saint-Omer. — Élève de
Troyon.

Nº 1. **Buffles se baignant dans le Nil.**

Des buffles conduits par un fellah arrivent
pour se baigner dans le Nil, tandis que
d'autres sont déjà dans le fleuve. A droite,
un groupe d'arbres et quelques maisons. Au
fond, la chaîne de montagnes qui termine
la vallée du Nil. — Composition reproduisant fidèlement l'aspect des villages de la
Haute-Égypte.

Peint à l'huile, sur toile.

Dimensions : H. 0.97. — L. 1.38.

*Emplacement :*

BESSON (Faustin), né à Dôle. — Élève de
MM. Brune et Gigoux.

Nº 2. **Les Actrices de la Comédie-Francaise en
1855.**

Les différentes artistes de la Comédie-

Française sont groupées en avant d'un portique, dans le costume de leurs principaux rôles, autour de M^lle Rachel, qui occupe le centre de la composition. — La grande tragédienne est drapée à l'antique et tient une couronne dans la main droite.

Peint à l'huile, sur toile.

Dimensions : H. 1,76. — L. 1,30.

*Emplacement :*

---

BIDA (Alexandre), né à Toulouse. — Elève de Eugène Delacroix.

## N° 3. Corps de garde d'Arnautes.

Dans un intérieur d'architecture orientale, des soldats arnautes sont très-artistement groupés dans diverses attitudes. Les uns jouent aux dés ; d'autres, debout ou appuyés à des colonnes, fument avec insouciance. —Dessin remarquable par un sentiment très-vrai de la couleur locale.

Dessin au crayon, rehaussé à la gouache.

Dimensions : H. 0,64. — L. 0,67.

*Emplacement :*

BOULANGER (Gustave-Adolphe), élève de Paul Delaroche et de M. Jollivet.

**N° 4. La répétition du Joueur de flûte.**

Dans l'intérieur très-exactement reproduit du palais romain construit sous la direction de S. A. I. Monseigneur le Prince Napoléon. Émile Augier, en costume antique, dirige la répétition de sa pièce, *le Joueur de flûte*, qui fut jouée pour l'inauguration de l'hôtel. A droite, Delaunay couché et Madeleine Brohan debout l'écoutent. Au fond, Théophile Gautier et M^lle Favart causant. A gauche du tableau, près d'une colonne, Samson et Got faisant un geste de surprise.

Peint à l'huile, sur toile.

Dimensions : H. 0.82. — L. 1,32.

*Emplacement :*

BOUQUET (Michel), né à Lorient. — Élève de M. Gudin.

**N° 5. Le vaisseau le Vétéran entrant à Concarneau.**

Le vaisseau *le Vétéran*, commandé par S. A. I. le Prince Jérôme, échappe à la croisière anglaise des côtes de Bretagne.

en donnant résolûment dans le petit port de Concarneau, malgré les rochers qui en défendent l'entrée. Il est représenté faisant voile sous son grand hunier et tirant les canons de ses sabords d'arcasse.

Peint à l'huile, sur toile.

Dimensions : H. 0,60. — L. 1,10.

*Emplacement :*

———

BRETON (Jules-Adolphe), né à Courrières.— Élève de MM. F. Devigne et de Drolling.

## N° 6. La fin de la journée.

A la fin d'une chaude journée d'été, des faneuses se reposent dans un champ de foin nouvellement coupé. A gauche, une jeune mère allaite son enfant ; au centre de cette composition, remarquable par le calme et la vérité champêtre, deux femmes debout s'appuyent sur les manches de leurs rateaux dans des attitudes pleines de naturel et de noblesse. Les derniers rayons du soleil couchant dorent leurs figures viriles.

Ce tableau a obtenu une médaille à l'Exposition de 1865.

Peint à l'huile, sur toile.

Dimensions : H. 0,97. — L. 1,46.

*Emplacement :*

———

CHAPLIN (Charles), né aux Andelys. — Élève de Drolling.

### N° 7. Jeune femme à sa toilette.

Elle est assise, vêtue d'une robe rose, les seins nus, et se regarde dans un miroir qu'elle tient à la main.

Peint à l'huile, sur toile.

Dimensions : H. 0.26. — L. 0.20.

*Emplacement :*

———

CHARLET (Nicolas-Toussaint), né à Paris en 1792, mort en 1845. — Élève de Gros.

### N° 8 Le donneur d'eau bénite.

Dans une église de village, de style roman, un vieillard, d'aspect souffreteux et béat, la tête couverte d'une calotte noire, est assis près d'un pilier et tient un goupillon sur ses genoux.

Peint à l'huile, sur toile.

Dimensions : H. 0,35. — L. 0.26.

*Emplacement :*

N° 9. **La soupe.**

Au centre, l'empereur Napoléon 1er, debout et en redingote grise, regarde une marmite que lui présente un grenadier, tandis qu'un autre fait le salut militaire. Un troisième présente les armes. Fond de paysage.

Aquarelle.

Dimensions : H. 0.18. — L. 0.23.

*Emplacement* :

CHASSÉRIAU (Théodore). — Élève de M. Ingres.

N° 10. **Intérieur de harem.**

Dans un intérieur oriental, une odalisque debout, le haut du corps nu et en train de se coiffer, est aidée par une de ses compagnes. Sur un divan, une négresse accroupie tient un miroir. Au fond, un Turc contemple cette scène en fumant son chibouque.

Peint à l'huile, sur bois.

Dimensions, H. 0,46. — L. 0.37.

*Emplacement* .

CHENAVARD (Paul), né à Lyon. — Élève de
Hersent et de Ingres.

**N° 11. La Convention Nationale.**

Séance du 17 janvier 1793, à dix heures
du soir, pendant laquelle les convention-
nels, à une majorité de onze voix, pronon-
cèrent contre Louis XVI la peine de mort
sans sursis et sans appel.

Dessin au crayon.

Dimensions : H. 0.87. — L. 1.75.

*Emplacement :*


DAVID (Louis), né à Paris en 1748, mort en
exil à Bruxelles en 1825.

**N° 12. La mort de Marat.**

Le conventionnel vient d'être assassiné
dans son bain (13 juillet 1793) ; sa tête,
couverte d'un mouchoir, repose sur un des
bords de la baignoire, le corps est affaissé,
le bras droit retombe inerte près du cou-
teau qui a servi à Charlotte Corday.

Cette œuvre, une des plus remarquables
de David, était destinée par lui à orner la
salle des séances de la Convention.

Peint à l'huile, sur toile.

Dimensions : H. 1.53. — L. 1.32.

*Emplacement :*

## N° 13. Portrait de l'empereur Napoléon I<sup>er</sup>.

L'Empereur, vu de face, est debout, revêtu du costume du sacre avec le manteau impérial, sur lequel se détache le collier de la Légion d'honneur. De la main droite il tient le sceptre, et de la main gauche présente le globe surmonté de la croix. La tête est couronnée de lauriers.

Peint à l'huile, sur toile.

Dimensions : H. 2.19. — L. 1.88.

*Emplacement :*

## N° 14. Portrait de Le Pelletier de Saint-Fargeau après sa mort.

Le Pelletier de Saint-Fargeau, membre de la Convention Nationale, ayant été assassiné le 20 janvier 1793, veille de la mort du roi. David fit ce dessin pour le tableau qui fut placé dans la salle des séances de la Convention, et qui fut brûlé depuis.

Dessin à la plume.

Dimensions : H. 0,30. — 0,26.

*Emplacement :*

## N° 15. Portrait de l'empereur Napoléon I<sup>er</sup>.

L'Empereur, en uniforme de chasseur à

cheval, est vu de face à mi-corps. Grandeur nature.

Dessin au crayon noir.

Dimensions : H.

*Emplacement :*

———

DECAMPS (Alexandre-Gabriel), né en 1803, mort en 1862. — Élève d'Abel de Pujol.

N° 16. **Pâtre romain.**

Il est assis sur un rocher dans la campagne de Rome, à ses pieds son chien. Fond de montagnes à l'horizon.

Peint à l'huile, sur bois.

Dimensions : H. 0.33. — L. 0.40.

*Emplacement :*

N° 17. **Le duc de Bourgogne montrant sa maitresse au duc d'Orléans.**

Copie à l'huile, faite d'après un tableau d'Eugène Delacroix, catalogué au numéro suivant.

———

DELACROIX (Eugène), né à Charenton-Saint-Maurice en 1793, mort en 1863. — Élève de Guérin.

**N° 18. Le duc de Bourgogne montrant sa maîtresse au duc d'Orléans.**

A droite, le duc de Bourgogne assis sur un lit, découvre sa maîtresse, couchée et se cachant la figure ; le duc d'Orléans, debout, fait un geste d'admiration. Au fond, intérieur d'appartement avec un dressoir chargé de vaisselle.

Peint à l'huile, sur bois.

Dimensions : H. 0.34. — L. 0.26.

*Emplacement :*

**N° 19. Marguerite à l'église.**

Marguerite, vétue d'une robe de brocart jaune, est agenouillée sur un prie-Dieu, la tête baissée ; sa figure exprime la douleur et la lutte. Méphistophélès appuie sur son épaule ses griffes de démon et cherche à la tenter. A gauche de cette composition pleine de vie et de sentiment, un prêtre officie devant une assistance recueillie.

Fait en 1846.

Peint à l'huile, sur toile.

Dimensions : H. 0,56. — L. 0,45.

*Emplacement :*

**N° 20. Mort de Marc-Aurèle.**

Croquis au crayon.

Dimensions : H. 0.30. — L. 0,24.

*Emplacement :*

———

DIAZ (de la Pena, Narcisse), né à Bordeaux.

### N° 21. **Femme nue, vue de dos.**

Elle se détache sur un ciel bleu et semble s'enlever comme pour une assomption. Les genoux et le bas des jambes disparaissent dans une draperie blanche.

Étude faite pour le tableau des *Dernières larmes.*

Fait en 1860.

Peint à l'huile, sur bois.

Dimensions : H. 0,45. — L. 0,25.

*Emplacement :*

———

DEDREUX-DORCY (Pierre-Joseph), né à Paris. — Élève de Guérin.

### N° 22. **Tête de jeune fille.**

Peint à l'huile, sur bois.

Dimensions : H. 0,09. — L. 0,08.

*Emplacement :*

**N° 23. Pendant du précédent.**

*Emplacement :*

---

DUVAL (Amaury), né à Paris. — Élève de
M. Ingres.

**N° 24. Femme assise couronnée de pampres.**

Derrière elle un jeune satyre tenant une
flûte de Pan et souriant.

**N° 25. Jeune femme vue de dos.**

*Emplacement :*

**N° 26. Figure de jeune homme.**

Dessins à la mine de plomb, à l'imitation
des fresques de Pompéi.

Dimensions : H. 0.34. — L. 0.24.

*Emplacement :*

---

FLANDRIN (Hyppolite), né à Lyon, mort en
1864. — Élève de M. Ingres.

**N° 27. Portrait de S. A. Mgr le Prince Napoléon.**

Son Altesse Impériale est vue de face, en
habit de ville et assise. La ressemblance des

traits, la noblesse d'expression de la figure et
les grandes qualités de peinture de ce portrait l'ont classé parmi les plus belles œu-
vres d'Hyppolite Flandrin. Admis aux Expo-
sitions de Paris en 1860 et de Londres en
1862, où il a été universellement admiré.

Peint à l'huile, sur toile.

Dimensions : H. 1,15. — L. 0.87.

*Emplacement :*

FRANÇAIS (François-Louis), né à Plombiè-
res. — Élève de MM. Gigoux et Corot.

N° 28. **Vue prise au Bas-Meudon.**

Dans une des îles de la Seine, paissent des
vaches au bord de l'eau ; en premier plan,
un peintre travaille, tandis qu'un homme
couché dans l'herbe le regarde peindre. Un
troupeau d'oies nage dans la rivière. Au fond
et en dernier plan les hauteurs de Bellevue et
de Saint-Cloud. Tableau admis à l'Exposition
de 1861.

Peint à l'huile, sur toile.

Dimensions : H. 0,78. — L. 1,18.

*Emplacement :*

GÉRARD (François-Pascal-Simon, baron), né à Rome en 1770, mort en 1837. — Élève de David.

Nº 29. **Portrait de S. M. le roi Jérôme, roi de Westphalie.**

Sa Majesté est debout, vue de face, en avant du trône, revêtue du costume du sacre, et tenant le sceptre de la main droite.

Peint à l'huile, sur toile.

Dimensions : H. 2.42. — L. 1.56.

*Emplacement :*

Nº 30. **Portrait de la reine Catherine de Westphalie.**

Sa Majesté est assise, vue de face, nu-tête et vêtue d'une robe de cachemire jaune; elle appuie le coude gauche sur le bord du fauteuil et laisse retomber le bras droit, qui tient un livre. Fond de paysage.

Peint à l'huile, sur toile.

Dimensions : H. 2.11. — L. 1.42.

*Emplacement :*

GÉROME (Jean-Léon), né à Vesoul. — Élève de M. Paul Delaroche.

Nº 31  **Intérieur d'un lupanar.**

Dans l'atrium d'une maison romaine, des femmes nues sont groupées dans des poses diverses. Au premier plan, une courtisane à la peau bronzée est couchée sur une peau de lion ; une autre se lève à demi d'un lit de repos, près d'un guéridon supporté par des faunes, aux pieds duquel est un bassin chargé de fruits ; une troisième, debout, la hanche cambrée, tient dans la main droite une écharpe verte. Une vieille femme introduit un jeune homme.

Peint à l'huile, sur toile.

Dimensions : H. 0,63. — L. 0.88.

*Emplacement :*

---

GÉRICAULT (Théodore), né à Rouen en 1791, mort en 1824. — Élève de Guérin.

Nº 32.  **Le roi Jérôme Napoléon à cheval.**

Sa Majesté est en costume de prince français, sur un cheval qui se cabre, et tient de sa main gauche la garde de son épée. — Esquisse faite d'après le tableau de Gros, qui est dans la galerie des portraits, à Versailles.

Peint à l'huile, sur toile.

Dimensions : H. 0,45. — L. 0.37.

*Emplacement :*

## N° 33. **Lancier hollandais de la garde.**

Il est debout. vêtu d'un habit rouge, un bras appuyé sur le cou de son cheval et l'autre sur son sabre.

Peint à l'huile, sur bois.

Dimensions : H. 0,46 - - L. 0,47.

*Emplacement :*

GIRAUD (Charles), né à Paris.

## N° 34. **Napoléon Iᵉʳ dans sa bibliothèque.**

L'Empereur, en costume de général, est debout près de son bureau. Il a la main gauche dans son gilet et l'autre appuyée sur une carte. La tête, vue de face, est en pleine lumière.—Ce tableau a été légué par lord Holland à S. A. I. le Prince Jérôme. le 15 mars 1860.

Peint à l'huile, sur toile.

Dimensions : H. 0,82. — L. 1,10.

*Emplacement :*

GIRAUD (Eugène), né à Paris. — Élève de
Richomme et de Hersent.

**N° 35. Portrait de S. A. I. M<sup>me</sup> la Princesse Marie-
Clotilde Napoléon.**

Son Altesse Impériale est vue à mi-
corps et de profil.

Pastel.

Dimensions : H. 0,72. — L. 0,59. Ovale.

*Emplacement :*

**N° 36. Portrait de S. A. I. M<sup>me</sup> la Princesse Ma-
thilde.**

Son Altesse Impériale est vue de profil,
à mi-corps et de grandeur nature.

Pastel.

Dimensions : H. 0,72. — L. 59. Ovale.

*Emplacement :*

GONIN, peintre turinois.

**N° 37. Portrait de S. M. le roi Victor-Emmanuel.**

Sa Majesté est debout, tête nue, la main
gauche appuyée sur son sabre. Elle porte
l'uniforme de général de division. A sa gauche, un ratelier d'armes. Fait à Turin en
1860.

Peint à l'huile, sur toile.

Dimensions : H. 3.35. — L. 62.

*Emplacement :*

**N° 38. Portrait de S. M. la reine Marie-Adelaïde.**

Sa Majesté est debout auprès d'un vase de fleurs, dans l'intérieur du palais. Elle est décolletée et porte un collier de perles. Sa toilette est blanche, avec un manteau de cour rouge ponceau. Fait à Turin en 1860.

Peint à l'huile, sur toile.

Dimensions : H. 3.25. — L. 1.62.

*Emplacement :*

———

GREUZE (Jean-Baptiste), né à Tournus, près de Macon, le 21 août 1725 : mort au Louvre, le 21 mars 1805.

**N° 39. Étude pour son tableau : la Malédiction paternelle.**

Les groupes sont en sens inverse du tableau original, conservé au musée du Louvre : à gauche, un vieillard étend les mains avec violence vers son fils, qui vient de s'engager; une jeune fille à genoux cherche à modérer sa colère. Une autre jeune fille et des enfants implorent le père. Un racoleur, sous l'uniforme d'un dragon, ar-

rache le fils du sein de sa famille. Cette
scène, à peine indiquée seulement par quelques traits de plume et quelques touches
de pinceau, dénote une verve et une facilité
surprenantes.

Fait à la plume et à l'encre de Chine.

Dimensions : H. 0.32. — L. 0.50.

*Emplacement :*

GROS (Antoine-Louis, baron), né à Paris en
1771. mort en 1835. — Élève de David

## N° 40. **Portrait du roi Jérôme.** (Ébauche.)

Sa Majesté est à cheval, en costume de
prince français. la main gauche sur la
garde de son épée.

Peint à l'huile. sur toile.

Dimensions : H. 0.45 — L. 0.37.

*Emplacement :*

GUDIN (Théodore), né à Paris. — Élève de
Girodet.

## N° 41. **Coucher de soleil sur la falaise.**

Sur le premier plan, à droite, des falaises
élevées; sur le bord de la mer, des pê-

cheurs mettant une barque à flot. Au fond,
un vaisseau se découpe sur un ciel rougi
par les derniers rayons du soleil.

Peint à l'huile, sur toile.

Dimensions : H. 0.31. — L. 0.45.

*Emplacement :*

---

GUILLEMINOT (le général), chef d'état-major
du corps d'armée du prince Jérôme, en 1815.

### N° 42. Épisode de Waterloo.

Sur un petit monticule placé en arrière
d'un ruisseau, un peloton de soldats français fait feu. Au premier plan, grenadiers
portant un blessé.

Peint à l'huile, sur toile.

Dimensions : H. 0,22. — L. 0,20.

*Emplacement :*

---

INGRES (Jean-Auguste-Dominique), né à
Montauban, mort en 1867. — Élève de
David.

### N° 43. Portrait de l'auteur, jeune.

Il est vu à mi-corps, drapé dans un manteau brun, une main sur la poitrine, de l'au-

tre il tient un crayon blanc dont il s'apprête à se servir ; la tête est vue presque de face. Portrait très-remarquable où se trouvent dans leur éclat toutes les qualités du grand peintre.

Peint à l'huile, sur toile.

Dimensions : H. 0,85. — L. 0,60.

*Emplacement :*

## N° 44. Portrait de S. A. I. Monseigneur le Prince Napoléon.

Son Altesse Impériale est vu de profil et peint en grisaille jusqu'aux épaules qui sont drapées à l'antique.

Peint à l'huile, sur bois.

Médaillon rond : diamètre, 0,38.

*Emplacement :*

## N° 45. Le serment des Horaces.

Copie très-remarquable du tableau de David, conservé au musée du Louvre.

Dessin au lavis.

Dimensions : H. 0,54. — L. 0,70.

*Emplacement :*

ISABEY (Jean-Baptiste), né à Nancy en 1764,
mort en 1855. — Élève de David.

## N° 46. Portrait de Mirabeau.

Il est assis devant un bureau et tient
d'une main un portefeuille et de l'autre une
adresse au roi. Sa tête, puissante et pas-
sionnée, est vue de face.

Peint à l'huile, sur toile.

Dimensions : H. 0,45. — L. 0,36.

*Emplacement :*

## N° 47. Le roi de Rome, enfant.

Près d'une statue de la Victoire, le jeune
prince est couché au milieu d'attributs
guerriers et de branches de lauriers. Il a
pour hochet une couronne et porte le grand
cordon de la Légion d'honneur.

Miniature ovale, sur vélin.

Dimensions : H. 0,23. — L. 0,29.

*Emplacement :*

## N° 48. Philosophe étudiant.

Sépia.

Dimensions : H. 0,18. — L. 0,13.

*Emplacement :*

KEINSOM (M^me).

**N° 49. Portrait en pied du roi Jérôme Napoléon, à Cassel.**

> Le roi est en uniforme dans un jardin.
>
> Dessin au crayon fait d'après nature.
>
> Dimensions : H. 0,60. — L. 0,46.
>
> *Emplacement :*

**N° 50. Le roi Jérôme Napoléon, à Cassel.**

> Sa Majesté est en uniforme et se promène dans un jardin.
>
> Peint à l'huile, fait d'après l'étude précédente
>
> Dimensions : H. 2,16. — L. 1,19.
>
> *Emplacement :*

**N° 51. S. M. la reine Catherine.**

> Copie faite d'après le tableau de Gérard, catalogué au n° 129.
>
> Dimensions : H. 2,17. — L. 1,35.
>
> *Emplacement :*

KOSAK (Juliusi), peintre polonais.

N° 52. **Le départ des volontaires.**

Sur une place de village, auprès d'une église, des volontaires des différentes classes de la Pologne se rassemblent et se disposent à prendre part à l'insurrection. Ce tableau a été envoyé de Varsovie à S. A. I. Mgr le Prince Napoléon, comme témoignage de reconnaissance des Polonais, à la suite du discours prononcé par S. A. I. au sénat le 18 mars 1863.

Aquarelle.

Dimensions : H. 0,72. — L. 1,05.

*Emplacement :*

LAMI (Eugène), né à Paris.—Élève de Gros et d'Horace Vernet.

N° 53. **Revue à Constantinople en 1854.**

Au centre, S. A. I. Mgr le Prince Napoléon, entouré de son état-major, est à la tête de sa division qui va être passée en revue par le sultan Abdul-Medjid et le maréchal de Saint-Arnaud. — Des gendarmes français font ranger des groupes de Turcs et de Grecs.

Aquarelle.

Dimensions : 0, 62. — L. 1,05.

*Emplacement :*

---

LANONE (Félix-Hippolyte), né à Versailles.—
Elève de V. Bertin et d'Horace Vernet.

## N° 54. Vue du Forum romain

Les diverses ruines du Forum sont vues
du Capitole et se détachent sur un ciel bleu.
Effet d'après-midi.

Peint à l'huile, sur toile.

Dimensions : H. 0.40. — L. 0.57.

*Emplacement* ·

---

LARGILLIÈRE (Nicolas), né à Paris le 20 oc-
tobre 1656, mort le 20 mars 1746. Membre
puis chancelier de l'Académie royale de
peinture.

## N° 55. Portrait d'homme.

Il est représenté presque de face, la tête
nue avec sa perruque à la Louis XIV, et est
vu jusqu'au bas de la poitrine. Portrait très-
remarquable.

Peint à l'huile, sur toile ovale.

Dimensions : H. 0.53. — L. 0.42.

*Emplacement :*

---

MADOU (Jean-Baptiste), né à Bruxelles.

### N° 56. **Le fumeur.**

Un bourgeois flamand en costume de ville est assis et allume une longue pipe de terre à un réchaud placé devant lui sur un banc.

Peint à l'huile, sur bois.

Dimensions : H. 0,22. — L. 0,19.

*Emplacement :*

---

MARCHAL (Charles), né à Paris. — Elève de Drolling.

### N° 57. **Portrait de Mme Georges Sand.**

Elle est vue de face et à mi-corps.

Dessin au crayon.

Dimensions : H. 0,37. — L. 0,42.

*Emplacement :*

---

MARÉCHAL (Charles-Laurent), né à Metz. —
Élève de Regnault.

## N° 58. **Christophe Colomb.**

A la suite de la troisième expédition au
Nouveau-Monde, Christophe Colomb, vic-
time de l'intrigue et de la calomnie, est
chargé de fers sur le pont du vaisseau qui
le ramène en Espagne. Il appuie une main
sur sa figure empreinte de génie, mais bri-
sée par l'amertume.

Pastel grandeur nature, d'une puissance ex-
trême.

Dimensions :

*Emplacement :*

## N° 59. **Galilée.**

Galilée est couché près d'une fenêtre ou-
verte, et, à l'aide d'un télescope, interroge
les astres.

Pastel d'une exécution très-remarquable et
d'une grande vigueur. Grandeur nature.

Dimensions :

*Emplacement :*

MARILHAT (Prosper).

### N° 60. **Le désert.**

Des chameaux font une halte auprès d'une ruine; de tous côtés s'étend un désert de sable qui se perd dans un horizon bleu.

Peint à l'huile, sur bois.

Dimensions : H. 0,19. — L. 0,23.

*Emplacement :*

### N° 61. **La nécropole du Caire.**

Dessin à la mine de plomb.

Dimensions : H. 0,28. — L. 0,46.

*Emplacement :*

MOREAU (Gustave), né Paris. — Élève de M. Picot.

### N° 62. **Œdipe et le Sphinx.**

OEdipe, fils de Laius et de Jocaste, est debout, appuyé contre un rocher et appuyé sur une lance. Il cherche à deviner l'énigme et regarde avec une attention profonde le sphinx, fléau des Thébains, qui, sous la forme d'un lion ailé, à figure de femme, se cramponne à lui, prêt à le jeter dans le goufre. A droite, un vase sur un trépied autour duquel s'enroule un serpent, et au-dessous les débris humains des victimes du sphinx. Ce tableau, empreint d'un senti-ment archaïque très-bien rendu, a obtenu la grande médaille à l'Exposition de 1864.

Peint à l'huile, sur toile.

Dimensions : H. 2,20. — L. 0,98.

*Emplacement :*

———

MEISSONIER (Jean-Louis-Ernest), né à Lyon. —Élève de M. Léon Cogniet.

## N° 63. **Napoléon I$^{er}$ en 1814.**

L'Empereur, en habit de chasseur à che-val, recouvert de la redingote grise, est sur un cheval blanc au repos. La tête, éclairée par les derniers rayons d'un soleil pâle, se détache sur un ciel nuageux. La figure est empreinte d'une préoccupation douloureuse et grave.

Peint à l'huile, sur bois.

Dimensions : H. 0,31. — L. 0,24.

*Emplacement :*

———

MICHALLON, né à Paris. 1796. — Élève de David.

**N° 64. Paysage montagneux.**

Au fond, un torrent qui coule ; à droite. une cascade tombe du haut d'un rocher ; sur le premier plan, deux figures de paysans pêchant dans le torrent.

Peint à l'huile, sur toile.

Dimensions : H. 0.65. — L. 0,50.

*Emplacement :*

———

PENGUILLY-L'HARIDON (Octave), né à Paris. — Élève de Charlet.

**N° 65. La vedette gauloise.**

Au milieu d'un champ de blé, un cavalier gaulois interroge l'horizon. Il tient son bouclier sur le bras droit.

Peint à l'huile, sur toile.

Dimensions : H. 0,60. — L. 0,74.

*Emplacement :*

———

PICOU (Pierre), né à Nantes. — Élève de
M. Paul Delaroche.

## N° 66. L'Amour conduit par la Jeunesse.

Une jeune fille portant une aiguière tient
de la main droite un enfant couronné de
pampres et tenant une coupe, tandis que
de l'autre main elle guide l'Amour les yeux
bandés et s'appuyant sur un arc.

Peint à l'huile, sur toile.

Dimensions : H. 0,61. — L. 0.47.

*Emplacement :*

———

PILS (Isidore-Adrien-Auguste), né à Paris.—
Élève de M. Picot.

## N° 67. Débarquement des armées alliées en Crimée (14 septembre 1854).

L'armée anglo-française vient de débar-
quer sur la plage d'Oldfort. Au centre du
tableau, un groupe formé par l'état-major
général : le maréchal Saint-Arnaud, commandant de l'expédition, assis et ayant à
ses côtés les généraux Canrobert, Martim-
prey, Bosquet et de Monet. A sa droite.
S. A. I. Monseigneur le prince Napoléon.
commandant de la deuxième division, est
debout, causant avec S. A. R. le duc de

de Cambridge. A droite du tableau, un bataillon de chasseurs à pied dans des attitudes diverses pleines d'abandon et de naturel. Au deuxième plan, groupes de soldats de différentes armes et matériel d'artillerie. Dans le fond, les escadres qui viennent d'opérer le débarquement. Ce tableau a eu un très-grand succès à l'Exposition de 1857.

Peint à l'huile, sur toile.

Dimensions : H. 1,88 — L. 3,28.

*Emplacement :*

---

PORTET, peintre français à Constantinople

### N° 68. Portrait de S. H. le sultan Abdul-Medjid.

Il est vu à mi-corps, de face, et porte l'aigrette blanche des sultans attachée par un bouton de diamant.

Donné par Sa Hautesse à S. A. I. Monseigneur le prince Napoléon lors de son passage à Constantinople.

Miniature sur vélin.

Dimensions : H. 0,16. — L. 0,11. Ovale.

*Emplacement :*

---

**PRUDHON (Pierre-Paul), né à Cluny en 1760, mort en 1823.**

N° 69. **Masque de l'empereur Napoléon I^er.**

Dessin au crayon provenant de la collection Walferdin.

Dimensions : H. 0,14. — L. 0,10.

*Emplacement :*

N° 70. **La tyrannie.**

Le Peuple opprimé, sous la forme d'une figure enchaînée, invoque la Raison, qui amène la Révolution, suivie du Progrès.

Dessin à la pierre noire, rehaussée de blanc.

Dimensions : H. 0,30. — L. 0,53.

*Emplacement :*

—

**RAFFET (Denis-Auguste-Marie), né à Paris. — Elève de Gros et de Charlet.**

N° 71. **Scène de dragonnades.**

Sur une place publique, un peloton de mousquetaires rouges fusillent deux gentilshommes en costume Louis XIII.

Aquarelle sur papier.

Dimensions : H. 0,25. — L. 0,11.

*Emplacement :*

RIESENER (Louis-Antoine-Léon), né à Paris.
— Élève de Gros.

**N° 72. Léda.**

Elle est renversée au milieu des roseaux, poursuivie par le cygne qui se précipite sur elle. Fait en 1820.

Peint à l'huile, sur toile.

Dimensions : H. 1,55. — L. 1,10.

*Emplacement :*

ROBERT-FLEURY (Joseph-Nicolas), né à Paris — Elève de Gérard.

**N° 73. Le porte-étendard.**

Un homme d'armes, à la figure accentuée, est debout ; à ses pieds le cadavre d'un chevalier, auprès duquel une femme pleure agenouillée.

Peint à l'huile, sur bois.

Dimensions : H. 0,50. — L. 0.32.

*Emplacement :*

ROBERT (Léopold), né à la Chaux-de-Fond.
en Suisse, en 1794, mort à Venise, en 1835.
— Élève de Gérard et de David.

### N° 74. La bénédiction de l'abbesse.

Dans une cellule, une vieille abbesse.
assise dans un fauteuil, donne avec bien-
veillance sa bénédiction à une jeune novice
agenouillée à ses pieds, et qui, les mains
jointes. baisse les yeux avec une expression
de piété naïve. A droite. un prie-Dieu sur
lequel est posée une pieta surmontée d'un
crucifix. Ce tableau. un des plus remarquables du maitre, a été exécuté en 1821

Peint à l'huile. sur toile.

Dimensions : H. 0,60. — L. 0,49.

*Emplacement :*

ROQUEPLAN (Camille), né à Mallemort. —
Élève de Gros et d'Abel de Pujol.

### N° 75. Buste d'enfant.

Il est vu à mi-corps. souriant et tenant
une grappe de raisin.

Médaillon.

Peint à l'huile. sur bois.

Dimensions : Diamètre. 0,19.

*Emplacement :*

**N° 76. Buste de jeune fille.**

Elle est vue à mi-corps, de profil, et tenant un oiseau perché sur son doigt.

Médaillon.

Peint à l'huile, sur bois.

Dimensions : Diamètre, 0,15.

*Emplacement :*

———

ROSSI (peintre romain), 1861.

**N° 77. Le réveil de l'Italie.**

L'Italie est représentée sous la forme d'un ange aux ailes tricolores et à la tête rayonnante, sortant d'un tombeau. — Offert à S. A. I. Monseigneur le prince Napoléon par les Romains reconnaissants.

Peint à l'huile, sur toile.

Dimensions : H. 2.50. — L. 2,70.

*Emplacement :*

———

SCHOEFFER (Ary), né en 1794, mort en 1860.

**N° 87. Portrait de Béranger.**

Le chansonnier est représenté à mi-

corps. Sa tête fine et pleine de bonhomie
est vue de face.

Esquisse à l'huile, sur toile. Provenant de la
collection Baroilhet.

Dimensions : H. 0,58. — L. 0,49.

*Emplacement :*

———

TOURNEMINE (Charles-Émile), né à Toulon.
— Élève de M. Eugène Isabey.

## N° 79. Paysage.

En avant d'une chaine de montagnes éloi-
gnées s'étend, à perte de vue, un marais,
sur le premier plan duquel volent des ca-
nards ; d'autres sont dans les herbes. Effet
de soleil couchant. — Tableau admis à
l'Exposition de 1861.

Peint à l'huile, sur toile.

Dimensions : H, 0,70. — L. 1,25.

*Emplacement :*

———

TROYON (Constantin), né à Paris, mort en
1865. — Élève de M. Riocreux.

## N° 80. Vaches passant un gué.

A gauche, l'arrière d'une barque ; au

centre, cinq vaches de diverses robes passent paisiblement un gué dans l'eau duquel se reflètent leurs images indécises. A droite, un groupe d'arbres et une cabane. — Cette œuvre remarquable provient de la collection Baroilhet.

*Peint à l'huile, sur bois*

*Dimensions :* H. 0,40. — L. 0,59.

*Emplacement :*

———

VERNET (Horace-Jean-Émile), né à Paris en 1789, mort en 1862. — Élève de Carle Vernet, son père.

## N° 81. Bataille de l'Alma.

L'armée russe étant en bataille sur les hauteurs de l'Alma, la troisième division française, commandée par S. A. I. Monseigneur le prince Napoléon, franchit la rivière pour en attaquer le centre. Entourée de son état-major, Son Altesse Impériale, à cheval, donne un ordre au colonel Desmarest, son premier aide de camp. A sa gauche, l'intendant militaire Leblanc cherche à éviter le boulet qui va lui emporter la jambe. Plus à gauche, le général Thomas blessé. — Ce tableau, la dernière grande œuvre d'Horace Vernet, a été très-remarqué à l'Exposition de 1855, pour l'habileté de composition avec laquelle l'artiste a su grouper tant de groupes divers ayant leur mouvement individuel et se fondant dans un ensemble d'action dont Son Altesse Impériale occupe le centre. La vérité des lieux, très-fidèlement reproduite, est due aux croquis du chef d'escadron duc d'Abrantès, qui faisait partie de l'état-major de Son Altesse Impériale.

Peint à l'huile, sur toile.

Dimensions : H. 1,85. — L. 3.05.

*Emplacement :*

———

VÉRON (Louis).

## N° 82. Paysage.

Sur un terrain rocailleux des arbres à hautes tiges ombragent une mare.

Peint à l'huile. sur toile.

Dimensions : H. 0.50. — L. 0,28.

*Emplacement :*

———

VILLOT (Frédéric). né à Liége. secrétaire-général des Beaux-Arts.

## N° 83. Portrait de jeune femme.

Elle est vue de face, les épaules très-décolletées, et porte un bouquet de roses au corsage

Miniature genre Greuze

Dimensions : H. 0,09. — L. 0,07. Ovale.

*Emplacement :*

———

WATTEAU (Antoine), né à Valenciennes en 1684, mort à Nogent, près de Vincennes, le 18 juillet 1721.

**N° 84. Personnages de la comédie italienne.**

Étude contenant deux têtes, dont l'une coiffée, avec une main sous le menton ; l'autre tête est nue, le cou étant couvert d'une collerette. Entre les deux, une étude d'œil vu de 3/4.

Dessin à la sanguine et à la pierre noire.

Dimensions : H. 0,26. — L. 0,17

*Emplacement :*

———

WINTERHALTER (D'après).

**N° 85. Portrait en pied de S. M. l'Empereur Napoléon III.**

Sa Majesté est debout, en uniforme de général de division, avec le manteau impérial, et tient la main de justice de la main droite.

Peint à l'huile, sur toile.

Dimensions : H. 3,19. — L. 1,62.

*Emplacement :*

**N° 86. Portrait en pied de S. M. l'Impératrice Eugénie.**

Sa Majesté est debout, en toilette blanche, avec un manteau de cour violet.

Peint à l'huile, sur toile.

Dimensions : H. 3,19. — L. 1 62.

*Emplacement :*

———

ANONYMES. — D'après Gérard Dow.

**N° 87. Le Cénobite.**

Un vieillard à barbe blanche, vêtu de bure, est assis près d'un débris de mur qui lui sert de table et sur lequel sont posés un sablier et une tête de mort ; une chandelle placée près d'un livre qu'il ouvre de la main droite éclaire sa figure austère.

Donné à S. A. I. Monseigneur le prince Napoléon, par la reine Sophie de Hollande, en mémoire de son père le roi Guillaume de Wurtemberg.

Peint à l'huile, sur bois.

Dimensions : H. 0,30. — L. 0,19

*Emplacement :*

N° 88. **Portrait de S. M. la reine Sophie de Hollande.**

Sa Majesté est vue de face à mi-corps, coiffée de la couronne royale. Elle porte une robe noire décolletée et un collier de perles.

Peint à l'huile, sur bois.

Dimensions : H. 0.28. — L. 0,21. Ovale.

*Emplacement :*

N° 89. **Portrait de S. M. la reine Catherine, enfant.**

Sa Majesté est vue de face, à mi-corps ; ses cheveux coupés sur le front retombent en boucles sur ses épaules.

Peint à l'huile, sur toile.

Dimensions : H. 0,38. — L. 0,31. Ovale.

*Emplacement :*

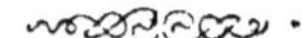